AF498152

INSTRUCTION

EN FORME

DE CATÉCHISME,

SUR LA CONSTITUTION

CIVILE DU CLERGÉ,

Par le Patriote mieux costumé.

par Bonnard

Discedite ab hominibus istis, & sinite illos: quoniam si est ex hominibus consilium hoc, aut opus, dissolvetur.

Act. des Apôt., ch. 5, v. 38.

A NANTES,
Chez A.-J. MALASSIS, Imprimeur Libraire,
Place du Pirori, N°. 2.
1792.

AVIS DE L'AUTEUR.

JE n'offre ici rien de neuf pour le fond. C'eſt un ſimple extrait de l'excellent ouvrage intitulé : *Accord des vrais principes de l'Egliſe, de la morale & de la raiſon ſur la Conſtitution civile du clergé de France*. Les vérités qu'il contient ne ſauroient être trop répandues, ſoit pour éclairer les ignorants de bonne foi, ſoit pour confondre les mécontents qui regrettent le temps des abus qui leur étoit favorable ; qui ſe coaliſent pour empêcher l'effet de la régénération qui les a remis à leur vraie place, en employant pour cela tous les genres de ſéduction. Il faut diſſiper les ſophiſmes dont on n'avoit pas beſoin pour établir les droits de l'autorité publique à l'égard du clergé , & qui attaquent quelquefois ceux de l'égliſe. Il faut ſubſtituer à une philoſophie audacieuſe qui commande une perſuaſion qu'elle ne peut donner, des principes tirés de la religion , & propres à faire honorer la ſoumiſſion légitime des miniſtres de J.-C. par ceux qui la mépriſoient, s'ils n'étoient déterminés que par des raiſons ſemblables à celles qu'elle leur propoſe. Il faut établir ſur ſes véritables bafes la néceffité de fe foumettre à une loi qui n'a rien d'incompatible avec la religion, & montrer qu'en adoptant la conftitution nouvelle qui lui eft donnée par l'état, le clergé ne manque à rien de ce qu'il doit à l'églife.

J'ai penfé que ces vérités préfentées fous la forme de Catéchifme, feroient plus facilement apperçues ; que réduites elles feroient mieux faifies, & que répétées fouvent, elles produiroient plus d'effet. Ce motif d'utilité m'a feul déterminé à les donner fous cet ordre nouveau plus abrégé & plus à la portée du grand nombre. J'en indique la fource pour qu'on puiffe s'affurer fi je fuis fidele, & pour qu'on ne m'accufe pas de vouloir me revêtir des plumes de paon.

INSTRUCTION

EN FORME DE CATÉCHISME

Sur la Constitution civile du Clergé.

D. **Q**UEL eſt aujourd'hui le Code de Loix des Français ?

R. La Conſtitutoin. « Aujourd'hui, a dit le Roi, que
» la conſtitution eſt définitivement arrêtée, des Fran-
» çais vivants ſous les mêmes loix, ne doivent connoî-
» tre d'ennemis que ceux qui les enfreignent. » (1)

D. Que faut-il aux hommes à défaut de loix ?

R. Les verges du deſpotiſme.

D. Que demande l'intérêt général ?

R. La ſoumiſſion aux loix. Cette obéiſſance fait la vertu de l'homme libre, & la force de l'état.

D. Quelle eſt la différence entre l'eſclave & l'homme libre ?

---

(1) Dans ſa lettre à l'Aſſemblée Nationale pour lui annoncer ſon acceptation, le 13 ſeptembre 1791.

A

R. L'efclave tremble & obéit. La crainte eft la regle de fon obéiffance ; fa foumiffion le dégrade. L'homme libre qui ne voit que Dieu & la loi au-deffus de lui, courbe, fans s'avilir, fa tête foumife fous le joug des loix, & il marche avec dignité au milieu de fes femblables.

D. Où a-t-on puifé les principes de la conftitution ?

R. Dans les droits facrés & imprefcriptibles de l'homme.

D. Et ceux de la conftititution civile du clergé ?

R. Dans les principes de l'eglife, de la morale & de la raifon.

D. Que peut-il arriver du refus qu'en font les prêtres non affermentés & leurs fauteurs ?

R. La ruine de la religion catholique en France.

D. Cette conftitution civile du clergé n'eft-elle pas capable d'allarmer les confciences ?

R. Elle ne préfente aucune difficulté aux efprits éclairés, & à la confcience des perfonnes de bonne foi.

D. Quel bien fera-elle à la religion ?

R. Elle la rappelle à fon divin objet, dont on avoit femblé la diftraire, elle va lui rendre les refpects des peuples, & la faire concourir avec nos loix à la profpérité de notre empire.

D La religion n'autorife donc pas le refus de fe foumettre à cette conftitution ?

R. La religion condamne les attentats de fes miniftres contre les loix & les droits des Nations. Elle anathématife l'orgueilleux fyftême qui fe met à la place de l'humilité des apôtres.

D. N'a-t-on pas changé la difcipline de l'églife ?

R. Il y a deux difciplines de l'églife, l'intérieure ou effentielle, du reffort de l'autorité fpirituelle, n'ayant pour objet que la doctrine de la foi, l'adminiftration des facrements, la célébration des faints myfteres, & la jurifdiction purement fpirituelle, néceffaire au maintien de tous ces objets.

D. La conftitution civile du clergé a-t-elle touché à cet ordre de chofes ?

R. Non : nous avons le même évangile, les mêmes fymboles, le même décalogue, le même enfeignement, les mêmes facrements, la même hiérarchie.

D. Sur quoi a donc porté la conftitution civile du clergé ?

R. Sur la difcipline extérieufe de l'églife *qui intéreffe l'ordre public & la tranquillité de l'état.* « Ses
»   loix font relatives aux diverfes circonftances des
»   temps, des lieux & des perfonnes : ce qui fait
»   qu'elles font fujettes aux changements ; ce qui eft bon
»   dans un temps, dans un pays, pour certaines per
»   fonnes, ne l'étant pas toujours dans d'autres temps,
»   dans d'autres pays, pour d'autres perfonnes :
»   delà vient que la difcipline de l'églife a fouvent
»   changé. » (1)

D. Qui a le droit de changer cette difcipline,

---

(1) 1. 2. Analyfe des Conciles. Tom. 3, pag. 641.

dont l'exercice intéreſſe l'ordre public & la tranquillité des états ?

R. Ceux à qui il appartient de régler l'ordre pub'ic. Mille faits pris dans les actes de nos Rois & des Parlements, juſtifient la compétence de la puiſſance souveraine ſur la diſcipline extérieure.

D. Mais les Rois, les Papes, les Corporations n'ont-ils pas été trop ſouvent au-delà de leur autorité légitime, pour que l'on puiſſe toujours conclure de ce qu'ils ont fait, à la réalité du droit.

R. Oui ; mais on peut appuyer cette compétence ſur les actes conſentis ou avoués par les Papes & les Evêques, & contre leſquels il n'y a pas eu de réclamation.

D. Qu'elle eſt à ce ſujet la doctrine de J. C. & de ſes apôtres ?

R. J. C. né ſous des princes payens & ſes ennemis ; ſes apôtres, des papes, des évèques pendant près de quatre ſiecles, ont enſeigné hautement que l'on doit une ſoumiſſion inviolable aux puiſſances établies pour gouverner, & cependant ces puiſſances étoient idolâtres & perſécutrices des chrétiens. Saint Paul dit aux Romains : que, » *réſiſter à la puiſſance, c'eſt réſiſter à l'ordre de Dieu ... attirer ſa condamnation.... Qu' ce n'eſt pas ſeulement pour éviter la colere des puiſſances de la terre, qu'il faut leur être ſoumis, mais par obligation de conſcience.* (1)

Et cela vous regarde, dit Saint-Chryſoſtome,

____

(1) Epit. aux Rom., ch. XIII.

quand vous seriez apôtres , évangélistes , prophè-
tes , &c. (1)

Saint-Augustin jugeant de la religion dans son élé-
vation & dans sa fin, dit « qu'elle ne s'inquiéte pas
» des loix , des usages , des gouvernements ; enfin de
» tous le moyens par lesquels on établit , ou on en-
» tretient la paix & l'harmonie sur la terre : que loin
» de résister à ces différentes formes , elle les observe ,
» pourvu qu'elles n'empêchent pas de reconnoître le
» vrai Dieu & de lui rendre le culte suprême qui
» lui est dû. (2)

« Par ces paroles , dit Bossuet, *rendez à César*
» *ce qui appartient à César.* J. C. défend à ses disciples
» de troubler les états & de se révolter contre les
» puissances. Plusieurs d'entre les Juifs regardoient la
» puissance Romaine & celle des princes payens ,
» tels qu'étoient les Césars , comme injuste , violente ,
» tyrannique & exercée sans droit sur le peuple de
» Dieu. J. C. par cette admirable sentence, calme leurs
» esprits séditieux & turbulens. Il apprend à ces hom-
» mes inquiets, qui sous prétexte de religion , auroient
» voulu troub er les puissances , qu'il étoit indifférent
» à la religion quel est celui ou ceux qui gouvernent
» les affaires de l'état , & que la religion n'étant pas
» établie pour troubler les empires, elle les laisse dans
» la situation , où le droit des gens & de chaque Na-
» tion les a placés. (3)

---

[1] Hom. 23 in cap. 13. Epist. ad Rom. tom. 23 , pag. 686.
[2] Aug. *de civitate Dei.* L. 19 , ch. 17.
[3] Bossuet, Défense de la déclar. du Clergé. L. 1 , sect., ch. 14.

D. Quels font donc les pouvoirs que J. C. a laiffés à fon églife?

R. Ils ne regardent que les biens fpirituels, la grace, la fanctification des ames, la vie éternelle. (1)

D. Que peut-on donc croire en toute fécurité de confcience, fur la conduite de l'affemblée nationale relativement à la difcipline de l'églife?

R. Ce que l'églife enseigne. Croyez, avec St. Paul *que toute perfonne quelle qu'elle foit, doit être foumife aux puiffances fupérieures*..... Avec Saint - Auguftin que pourvu que les gouvernements n'empêchent point de reconnoître le vrai Dieu, de lui rendre le culte qui lui eft dû ; il faut fe prêter à tout ce qui eft néceffaire pour la paix & l'harmonie..... Avec Boffuet que J. C. a défendu à fes difciples de troubler les états par un zele féditieux & turbulent.... Avec Gibert & Talon, que l'églife eft membre de l'empire, qu'elle doit donc foumiffion & obéiffance aux loix de l'empire. Que c'eft le droit naturel antérieur à la venue de J. C. , & auquel il a donné fa fanction. Enfin la raifon vous dira que ce qui ne concerne ni la foi ni la difcipline intérieure ou effentielle, doit être fubordonné aux befoins de la fociété.

D. La jurifdiction civile n'appartient donc pas aux évêques.

R. Cette prétention qui a eu de funeftes effets, eft formellement oppofée à l'évangile, & à toute regle apoftol que.

---

[1] Fleury, 7 dife. fur l'hift. écléfiaft.

D. A qui doit-on particuliérement la réforme de cet abus ?

R. Il fallut toute la fermeté de St. Louis, & l'afcendant de fa piété pour le réformer. Les évêques lui reprocherent que la religion *fè p riffoit ent e fes mains.* Le Pape le menaça d'excommunication, mais le St. Roi tint pour les principes.

Quand Philippe de Valois établit la réforme d'appel comme d'abus au prince, pour fervir de digue contre les entreprifes du clergé & de la cour de Kome.

Quand les Rois & les Parlements employoient ce frein falutaire, on s'écria *que la foi étoit anéantie : que l'églife étoit fappée dans fes fondements, qu'elle étoit dépouillée de fon autori é.* Cependant cette fage jurifprudence s'eft établie, & la foi & l'églife fe font maintenues.

La déclaration du clergé de France en 1681, établit comme regle de doctrine la fupériorité de l'églife fur le Pape, l'indépendance des Rois de l'autorité fpirituelle, Rome en fut indignée, & l'europe eccléfiaftique s'en allarma, Boffuet fut accufé d'héréfie & d'impieté : cependant ces quatre articles de la déclaration font regardés par l'églife gallicane *comme appartenants au dépôt des vérités que J. C. a confiées à fon églife.* L'églife gallicane n'a point été fchifmatique, la Sorbonne qui les a foutenues n'a point paffé pour impie, Boffuet eft une des plus belles colonnes de l'églife.

D. Que conclure de ces principes ?

R. Que l'églife doit être foumife aux loix, aux Rois, à la puiffance légiflative en tout ce qui ne concerne point la foi.

D. Expliquez - nous plus amplement cette conféquence.

R. Dans un empire catholique, il y a deux puiffances, l'une eft celle de l'églife, l'autre celle de l'état. Chacune d'elles a une fin qui lui eft propre, & qui la caractérife. Elle ont un pouvoir diftinct qui eft relatif à cette fin. Les pouvoirs de l'état font temporels. Ceux de l'égife font fpirituels, parce que fon objet eft le falut des ames. Tous les réglements dont la fin directe eft de procurer ce falut, appartiennent au pouvoir fpirituel. Tous ceux au contraire dont la fin directe eft le honheur de cette vie, appartiennent à la puiffance temporelle. Ces deux autorités co - exiftant dans la même fociété politique, ont réciproquement intérêt chacune à l'adminiftration de l'autre. L'églife a intérêt que l'état foit bien gouverné, fans avoir toutefois le droit de s'en mêler ; & l'état a intérêt que l'églife foit floriffante, en intervenant dans tout ce qui lui eft temporel.

D. A quel pouvoir la conftitution civile du clergé devoit-elle donc définitivement appartenir ?

R. Encore un coup, il y a dans l'églife deux fortes de pouvoir, celui des clefs & le pouvoir légiflatif. Si la conftitution civile du clergé renfermoit quelque difpofition qui fût foumife au pouvoir des clefs, comme il n'y a que les miniftres de l'églife qui en foient dépofitaires, la queftion feroit jugée contre l'autorité civile & les fideles à qui on voudroit attribuer le droit d'y coopérer. Ils n'entrent point en partage du pouvoir des clefs. Ils ne remettent point les péchés, ils
ne

ne confacrent point l'euchariftie , ils n'impofent point les mains pour élever au facerdoce , ils n'ont enfin aucune part au pouvoir miniftériel de l'églife.

Mais les actes où il s'agit de régler la difcipline ne peuvent être étrangers aux laïcs , encore moins aux prêtres du fecond ordre : loin que les évêques concurremment avec le pape en puiffent être les feuls arbitres , le pape n'a aucun droit d'y intervenir , & les évêques n'en ont d'autres que celui de voter.

La diverfité des loix & des gouvernements auxquels l'églife devoit être fonmife par fon univerfalité , dans les diverfes époques & chez les peuples divers , demandoit que , fimple dans fes inftitutions effentielles , elle pût changer avec facilité toutes celles qui ne le font pas , & les approprier aux befoins des peuples chez lefquels elles feroit établie.

D. C'étoit donc à l'affemblée nationale à opérer la régénération actuelle ?

R. L'affemblée nationale , la feule qui depuis l'origine de la monarchie ait fenti toute fa dignité , n'a pas dû croire que les réformes eccléfiaftiques entamées dans tous les états-généraux des fiecles précédents , fuffent étrangeres à fon pouvoir. Si elle n'eût porté qu'une main légère fur des abus faciles à réformer , & quelle n'eût fait que peu de mécontents , parce qu'elle n'eût fait que peu de bien ; on ne lui difputeroit pas fa compétence : mais comme elle n'a épargné aucun des abus qui s'étoient accumulés depuis plufieurs fiecles , elle a reveillé toutes les paffions de ceux qui n'exiftant que par des emplois inutiles

& onéreux, ne peuvent lui pardonner la juftice qu'elle leur a rendue en anéantiffant ces emplois nuifibles au bon ordre de la fociété.

Si leur raifon troublée par des réformes inattendues qu'ils n'auroient cru bonnes à faire que pour nos neveux, méconnoît la voix de l'églife gallicane qui attendoit des repréfentations de la nation une régénération analogue à celle de l'état, & qui ratifie par une exécution folemnelle la conftitution du clergé, comme la nation met le fceau de la même maniere à fa conftitution politique ; qu'ils confiderent le double pouvoir de l'exclufion & de protection qui appartient à la puiffance temporelle, & qui l'autorife à fubftituer aux ufages modernes & abufifs, des réglements plus conformes à la lettre & à l'efprit des canons.

D. Le ferment civique fuppofe-t-il une adhéfion par laquelle on approuve en tout point la conftitution.

R. Non : fi le ferment civique renfermoit la promeffe d'exécuter & de maintenir tout ce qu'il plaira à des hommes fujets à l'erreur & aux paffions, de comprendre dans leurs décrets ; fi celui qui le prête, fe vouoit témérairement à toutes les folies dont l'efprit humain eft fufceptible ? cela feroit abfurde.

D. Sur quoi donc s'étend le pouvoir de l'affemblée nationale dans fes décrets ?

R. Son pouvoir ne s'étend qu'à faire des loix politiques & civiles, les unes & les autres foumifes à la loi naturelle & divine ; en faifant ferment de lui obéir, quoiqu'on ne connoiffe pas diftinctement tous les décrets qu'elle rendra, comme elle ne les connoît pas elle-même, on fait qu'ils ne peuvent être compris dans ce ferment, qu'autant qu'ils peuvent appartenir à l'étendue de fon pouvoir, & qu'ils ne choqueront point la loi naturelle ou divine : ces deux loix font les bornes du pouvoir des Nations.

Promettre l'obéiffance, l'exécution & la manutention, n'eft donc autre chofe qu'accomplir les premiers devoirs du citoyen, en concourant de tout fon pouvoir au maintien de l'ordre fans lequel aucune fociété ne peut fubfifter. Ce n'eft pas pour cela reconnoître l'affemblée comme infaillible : ce n'eft pas le facrifice de fa raifon, qu'on fait à la fociété, mais uniquement celui de fa volonté.

Tout ceci eft fondé fur cette diftinction entre les décifions doctrinales & les décrets de difcipline, deux chofes auxqu'elles correfpondent des devoirs différents : les uns exigent une perfuafion, les autres ne veulent que l'obéiffance dans la pratique.

D. Que faire dans ces circonftances, quand on a encore le malheur de douter ?

R. Tenez vous fermement appuyés fur l'ancre immobile de la foi, & laiffez fe perdre dans les airs ces cris d'alarme dont on vous fatigue. Dites que vous avez la foi, que vous cultivez l'efpérance & la charité, que les régles n'en font pas équivoques, & que tout ce qui ne leur appartient pas, vous le regardez comme l'alliage impur de l'ambition, de l'ignorance & des paffions qui ont trop long temps déshonoré le clergé & compromis le facerdoce.

D. S'enfuit-il de tout cela que l'affemblée nationale a eu le droit d'établir des évêchés & des métropoles ?

R. Oui : & elle n'a fait en cela que ce qu'on fait d'autres puissances séculieres pour de bonnes raisons. (1)

Pepin entr'autres, créa des évêchés, les circonscrivit (2) & constitua supérieurs hiérarchiques les archevêques, Abel & Aidobert, qui n'étoient point envoyés de Rome.

Ce ne fut point un canon de concile, mais une loi du pouvoir législatif, qui sous Clotaire II rétablit la liberté des élections.

D. Ces exemples ne prouvent que des coups d'autorité & non une soumission volontaire du clergé.

R. Il est vrai que Charlemagne dans ses capitulaires parloit impérativement *in eo loquitur imperative*. Il consultoit seulement ses prêtres, c'est-à-dire, ceux qui restoient auprès de sa personne. Il croyoit si bien qu'il est du droit de la puissance souveraine, *de corriger les abus, de retrancher ce qui est superflu, de donner plus de force aux regles*, c'est qu'il s'appuie sur l'exemple du Roi Josias. (3)

D. Les capitulaires de ce prince n'étoient-ils pas l'ouvrage des évêques eux-mêmes ; & n'étoient-ce pas par leur autorité & par l'intervention du Pape que les capitulaires devenoient des lois ?

R. Baluze appele cette opinion une insigne & atroce injure faite à la dignité des princes, & il dit que Goldast

---

[1] Capit. Pepin.

[2] Praec. ann. 744, pag. 157, tom 1, Sirm. ann. 744.

[3] Nam legimus in Regum libris quomodò S. Josias regnum sibi à Deo datum circumeundo, corrigendo, admovendo ad cultum veri Dei studuit revocare praef. cap. ann. 789.

a prouvé par de nombreuses & évidentes raisons, que Charlemagne avoit porté toutes ces lois de discipline par son droit de souverain. (1)

Mais, bien loin que les capitulaires eussent besoin de la sanction ou du concours des Papes, c'est qu'ils obéissoient eux-mêmes. Le Pape Léon IV écrivit à l'empereur Lothaire, qu'il professoit de toutes les manieres l'obéissance inviolable due à ses capitulaires & à ses ordres impériaux.

Un auteur dit « que lorsque Charlemage avoit fait
» tenir quelques conciles, il s'en faisoit envoyer les
» Décrets, il les faisoit examiner en sa présence (2). Les
» évêques en les lui envoyant le prioient d'y ajouter,
» d'en retrancher, de changer, de corriger tout ce qu'il
» voudrait, & d'appuyer de son autorité tout ce qu'il
» approuveroit.

Il faut donc conclure d'après les principes & les faits que les devoirs des ministres de la religion, l'érection des évêchés, leur distribution, leur corrélation n'étant que des rapports de l'église avec l'ordre public & le gouvernement, ils sont du ressort de la puissance législative.

D. Les rois payant la flaterie ou persécutant la vérité n'auroient-ils pas forcés les historiens à agrandir leur autorité ?

R. Le clergé ne sera pas suspect dans sa propre

---

[1] Carolum Magnum jure regio istius modi leges sancivisse. *Baluze, præf. art. X.*

[2] Moreau 9. Discours sur l'Hist de France.

cauſe. Voyons à ce ſujet ſes actes ou plutôt ceux de l'égliſe Gallicane.

Cinq conciles tenus en 813 (1) pour la réforme de la diſcipline, *ſuper ſtatu eccleſiarum corrigendo*, « avouent que leurs déciſions ont beſoin de la révi- » ſion & approbation de l'empereur. L'un prie Char- » lemagne de ſuppléer à ce qui pourroit manquer à » ſes décrets, de corriger ce qu'i's auroient de défec- » tueux & de perfectionner ce qu'il a fait de raiſonna- ble. (2)

Les membres du concile de Mayence prient le même prince « de daigner corriger, tout ce qui en a beſoin, » afin qu'étant ainſi rectifiées, ces regles puſſent leur » ſervir, ainſi qu'à tout le peuple chrétien. ( )

Le troiſieme concile de Tours & le deuxieme de Chalons ſur Saône profeſſoient la même ſoumiſſion « Tels » ſont, diſoit celui de Tours, les articles que nous » avons éclaircis dans le concile ; mais quelque choſe » qu'il plaiſe à notre ſouverain de régler à cet égard, » nous, ſes fidels ſerviteurs, ſommes prêts à nous ſou- » mettre à ſa volonté & à ſon meindre deſir. ( )

D. N'étoit-ce pas dans une aſſemblée compoſée ſeu- lement d'évêques que ces ſouverains examinoient les canons des conciles ?

---

[1] Arles, Rheims, Mayance, Châlons-ſur-Saône & Tours.

[2] Si quid rationabiliter taxatum eſt ejus adjutorio perficia- tur. Arelat Concil. 26, Sirm., tom. 2, pag. 272.

[3] Sirm. Præf. tom. 2, pag. 27.

[4] Nos fideles ejus famuli, ad nutum & voluntatem ejus parati ſumus. Can. 51 Sirm., tom. 2, pag. 305.

R. Non ; Charlemagne donnoit ordre aux évêques de s'affembler en concile , & leur enjoignoit de lui envoyer les conftitutions qu'ils y avoient faites, pour qu'il les examinât dans l'affemblée générale , *generali conventu.* Ce furent donc la nation affemblée & l'empereur qui réformoient la difcipline de l'églife Gallicane. Les évêques délibéroient d'abord , mais le prince & la nation délibéroient enfuite & décidoient. *Fe.it conventun magnum de popu'o fuo.*

« Saint-Louis croyoit qu'il eut été coupable fi , par
» une foumiffion aveugle & fuperftitieufe aux entreprifes
» de la cour de rome , il lui eût abandonné l'églife &
» l'état. Il ne doutoit pas qu'elle ne fût bleffée , mais
» il préferoit fon devoir à des paffions humaines , cou-
» vertes du faux prétexte de la religion.... Il ne craignoit
» pas que l'abus de la puiffance fpirituelle pût lui
» donner aucunes bornes. (1)

D. Le clergé réuni de France a-t-il lui-même reconnu le droit de l'autorité fouveraine pour la réforme de la difcipline ?

R. Oui, & plus d'une fois. L'Affemblée de Melun , en 1579 follicita vivement Henri III , par l'organe d'un évêque de Bazas , de reformer fon clergé. « Nous
» confeffons nos fautes devant votre majefté, & la
» fupplions d'en avoir compaffion, pour employer votre
» puiffance & grandeur à la fanté & reftauration du
» corps ecclefiaftique. (2)

---

[1] Duguet. Inftitution d'un prince , ch. 3 , art. 6 , pag. 586 , & art. 7.

[2] Actes, titre & mem. concern. le clergé de France , Tom 1 , pag. 1646.

En feptembre de la même année Pierre d'Efpinac, archevêque de Lyon, dans des remontrances *pour preffer cette réformation,* difoit : «fire, nous avons fait entendre » à l'affemblée des eccléfiaftiques, la bonne efpérance » que nous concevions de la volonté que nous avions » reconnu que votre majefté a *de remettre l'églife* » *en fon ancien honneur & fplendeur par le moyen* » *de quelque bonne & heureufe réformation.* (1)

» Nous lifons, dit le favant cardinal Cufa, que le » fouverain pontife a prié lui-même les fouverains, pour » le bien général, de porter des lois concernant le culte » divin, même contre les pécheurs & fur le clergé. (2)

D. L'état eft donc au-deffus l'églife.

R. Dans l'ordre furnaturel l'églife eft au-deffus de l'état, la foi au-deffus de la puiffance legiflative, ainfi dans tout ce qui eft effentiel à la foi, l'églife eft au-deffus du pouvoir des hommes. Le gouvernement n'a que le droit de furveillance fur le régime intérieur pour affurer l'obfervation des canons. (3)

D. Dans quelles circonftances l'églife eft-elle foumife à l'état ?

R. Lorfqu'il eft queftion d'un ordre qui intéreffe la tranquilité publique, l'armonie, la légiflation. Cet ordre a pour objet des chofes *dont la bonté eft relative aux*

[1] *Ibid.* Pag. 13.

[2] Imo legimus Roma. Pont. eos rogaffe ut conftitutiones pro culto divino &c. ederent card. Cuzanus L. 3, ch. 40, de concord. catho.

[3] Nous avons vu Charlemagne exercer cette furveillance à l'égard du Sacrement de Baptême.

circonftances

circonstances de temps, de lieux, de personnes. Il n'a jamais été uniforme, il a souvent changé. Il est de droit naturel soumis à la puissance qui fait les loix & qui les change *selon les temps, les lieux, & les personnes.* L'églife est donc, de droit naturel, soumife aux loix fous tous les rapports, où elle a des points de contact avec l'ordre public & l'intérêt de la société ; & il faut felon Saint-Auguftin, Boffuet, Fleury, Gibet & Talon, que ce qui est ordonné foit *évidemment contraire à la loi naturelle & divine,* pour que des fujets foient difpenfés de la foumiffion abfolue.

D. Y a-t-il des exemples d'une forme d'élection où le clergé n'ait pas eu la principale influence ?

R. Une infinité. Les fideles s'affemblerent pour donner un fucceffeur à Judas. Pierre quoique chef de l'églife ne le nomma point ; il propofa l'élection. Le fort en décida au fcrutin : l'affemblée étoit compofée de cent vingt perfonnes au nombre defquelles étoient les faintes femmes. (1)

La multitude fut affemblée pour élire des miniftres du fecond ordre qui aideroient le apôtres. Il paroît que les apôtres ne concoururent même pas à ces élections. « Choififfez donc mes freres, difent les apôtres à la » multitude des difciples, fept hommes d'entre vous » à qui on rende témoignage. Act. des Apô. c. 6, v. 3.

D. Le droit d'élection appartient donc à l'églife ?

R. Oui, mais l'églife eft l'affemblée des fideles,

[1] Actes des Apôtres, ch. I, traduct. de l'Abbé Vaillant.

& non le corps des miniſtres. (1) Les égliſes particulieres ſont les aſſemblées particulieres des fideles de
ces égliſes.

Saint-Cyprien penſoit « que le peuple doit avoir
» dans les élections des évêques, la même part qu'il
» eut dans celle des diacres & dans celle du ſucceſſeur
» du diſciple apoſtat. (2) L'élection de Matthias a
» ſervi long-temps de modele dans toute l'égliſe pour
» le choix des principaux miniſtres ſucceſſeurs des
» apôtres. (3)

Le paſteur dit le concile de Calcédoine doit être
choiſi par tout ſon troupeau. *Ab omnibus qui paſcendi
ſunt eligendus.*

D. Les laïcs ont-ils eu dans ces élections d'autre
droit que celui de rendre ſeulement témoignage ?

R. Les Novatiens, au troiſieme ſiecle attaquerent
l'élection du pape Corneille. « Saint-Cyprien en démon-
» tra la canonicité en prouvant qu'il avoit été placé ſur
» la chaire apoſtolique, par les *ſuffrages du peuple,*
» & *le témoignage* du clergé; *de clericorum omnium*
» *teſtimonio, de plebis ſuffragio.* (4)

Les clercs rendoient donc ſeulemement témoignage
en faveur de l'élu, & le peuple exerçoit le droit de

---

[1] *Eccleſia non eſt numerus Epiſcoparum* dit Tertullien
de pudic., ch. 2.

[2] Duguet.

[3] Remarques particulieres du même ſur le premier
ſiecle de l'égliſe

[4] Epit. 52.

ſuffrage. Toutes les fois que Saint-Cyprien parle de l'influence du peuple dans les élections, il emploie le mot *ſuffrage* ; & celui de *conſentement* pour le clergé. Mais le témoignage n'atteſte que le mérite, le ſuffrage fait l'élection.

D. Pourquoi donc, contre l'évidence, y en a-t-il encore qui ſoutiennent que l'élection des évêques appartient au métropolitain avec ſes ſuffragants ?

R. Pour autoriſer la réſiſtance des prêtres foibles, ſimples & ſéduits, & fomenter les troubles.

« S'il y a partage parmi les électeurs dit le con-» cile d'Arles, tenu en 452. Que le métropolitain » ſuive la majorité. *Quod ſi inter partes aliqua fuerit* » *dubitatio, majori munero métropolitanus in elec-* » *tione conſentiat.* » Il n'y a lieu à donner pour regle de la majorité que quand il y a droit d'élection. Ainſi rendre à un peuple le droit de choiſir ſes paſteurs, ce n'eſt pas lui accorder un bienfait dont on ſe flatte qu'il n'abuſera pas ; c'eſt le délivrer de l'oppreſſion & rompre une de ſes chaînes.

D. Y a-t-il eu dans l'égliſe d'occident des élections par le peuple ?

R. En 371, Saint-Martin fut élu évêque de Tours, par une immenſe multitude, compoſée du peuple de la ville & des cités voiſines raſſemblées, non pour rendre témoignage en faveur de Martin, ou ſolliciter ſon élection ; mais pour porter ſes ſuffrages, *ad fe-renda ſuffragia.*

D. Des évêques ne s'oppoſerent-ils pas à ſon élection ?

R. Oui, plufieurs trouvèrent le faint trop négligé dans fes habits, dans fa chevelure & dans fon maintien. Dès-lors un air élégant paroiffoit à ces meffieurs, effentiel à ces faints emplois : *impiè repugnabant.* (1)

Mais cette oppofition, fi digne de nos évêques contre-révolutionnaires, fut dejouée par le jugement plus fain du peuple, & les oppofants ne purent faire un autre choix que celui qui fut déterminé par l'autorité de la multitude, organe de la volonté de Dieu.

D. D'où font donc venues les premieres & les plus funeftes atteintes à la difcipline primitive ?

R. De la cour de rome, par fes prétentions, fes intrigues, fes pactes politiques avec les fouverains, auxquels elle cédoit ce qu'elle n'auroit pas dû céder, pour obtenir ce qu'elle n'auroit jamais dû obtenir, enfin par fes ufurpations.

D. Jamais aucun pape n'a donc approuvé l'élection du peuple ?

R. Céleftin I la requis. « Que l'on demande, dit-
» il, en paix & dans le calme, ceux que l'on veut
» qui foient mis à la tête des églifes. Que l'on exige
» par écrit le témoignage des clercs & des grands. Le
» confentement de la curie & du petit peuple, &
» *que tous élifent celui qui doit gouverner tous.* (2)

---

[1] *Dicentes comtemptibilem effe perfonam : indignum effe Epifcopatu hominem, vultu defpicabilem, vefte fordidum, crine deformem.*

Sulpice Severe, *de vitâ beati Martini*, ch. 7.

[2] *Qui præfuturus eft omnibus, ab omnibus eligatur.*

Sirm. Tom. I, pag. 83, art. 3.

D. Qu'eſt-ce qui s'eſt paſſé à cet égard, dans l'égliſe Gallicane?

R. Les peres du troiſieme concile d'Orléans diſent » qu'il eſt de l'équité ſelon le ſiége apoſtolique lui- » même, *que celui qui doit commander à tous ſoit* » *élu par tous*; & que, ſuivant les plus anciens canons, *l'élection & la volonté des clercs & des citoyens* ſoient requiſes. (1)

Le troiſieme concile de Paris, ſous Childebert, ordonna de ſe conformer à l'ancienne diſcipline. Il défendit de donner aux citoyens un autre Evêque que celui qui ſeroit déſigné par la volonté générale manifeſtée par l'élection.

La peine d'excommunication y fut décernée contre ceux des comprovinciaux qui reconnoîtroient un évêque nommé par l'autorité du Roi, ſous quelque prétexte & par quelque motif que ce ſoit. (2)

D. Cette forme d'élection a-t-elle duré long-temps?

R. En 535 un Concile de Clermont, dit « que » celui qui parvient à l'éminente dignité de l'épiſcopat, y ſoit porté, *non par la faveur d'un petit nombre, mais par l'élection de tous.* (3)

Au neuvieme ſiecle, les élections exiſtoient dans toute leur pureté, comme on le voit par une lettre d'Hincmar de Rheims, à Charles le Chauve. (4)

---

[1] Can. 3, Sirm. tom. 1, pag. 248.

[2] Can. 8, Sirm. tom. 1, pag. 36.

[3] *Non favore paucorum*, Can. 2.

[4] œuvre d'Hincmar, tom. 2, pag. 408.

« Au douzieme fiecle , dit du Tillet , duroit encore
» la bonne & fainte forme de l'élection du clergé &
» du peuple , avec l'approbation du prince , de la-
» quelle Platine dit, *qu'il eft mal aifé que perfonne*
» *indigne y entrât par cette voie.* Depuis, le Pape
» Adrien en rejetta le peuple, & il n'y laiffa que le
» clergé. Lucius après reftreignit le droit d'élire aux
» chapitres ; & fut la porte ouverte aux fimonies. (1)

D. Le clergé n'a-t-il pas exercé long-temps l'acte
d'élection des évêques ?

R. Quand cela feroit, en feroit-il moins vrai que
c'étoit le droit des fideles au temps des apôtres : que
tous les conciles l'ont rétabli , maintenu ou revendi-
qué, comme un des points effentiels de la primitive
difcipline ?

D. Le clergé ne s'autorife-t-il pas de la poffeffion ?

R. Le titre en eft infame, c'eft la violation des
faints canons.

D. Que cités-vous en oppofition ?

R. Les principes purs , le majeftueux témoignage
de la tradition qui s'eft perpétuée jufqu'à nous , depuis l'ascenfion de J. C. jufqu'au concile de Nicée.
Depuis ce premier concile général, jufqu'en 1493 ,
que les trois ordres demanderent aux états de Tours,
le rétabliffement de la pragmatique & des élections ;
jufqu'en 1560 , que les évêques de France reconnu-
rent aux états d'Orléans , que le peuple nommoit fes

[1] Mémoires & avis de M. Jean du Tillet , fur les libertés de l'églife gallicane en 1551.

paſteurs dans la primitive égliſe. Juſqu'en 1574, qu'un évêque de Bazas, diſoit au Roi, au nom du clergé, que s'il ne tenoit qu'à remettre les évêchés entre ſes mains pour le rétabliſſement des élections, les évêques y conſentiroient volontiers.

D. Mais ils demandoient peut-être le rétabliſſement des élections, telles qu'elles ont exiſté, après que les Papes en eurent exclu le peuple & que les chapitres s'en furent emparées ?

R. L'archevêque de Bourges au nom de ſon corps repréſenta à Henri III, « *qu'il étoit néceſſaire de* » *rétablir l'ancienne forme d'élection pratiquée par* » *les apôtres, lorſqu'après l'invocation du ſeigneur,* » *ils élurent Matthias à la place de Judas.* (1)

D. Les élections telles que l'Aſſemblée Nationale les a établies, ne ſont donc pas une innovation irréguliere ?

R. Elles ſont au contraire conformes aux Canons, à la tradition, à la raiſon & à l'équité. Car il eſt raiſonnable, il eſt juſte que le paſteur ſoit élu par tout ſon troupeau. *Quia equum eſt ut qui præponendus eſt omnibus, ab omnibus éligatur.* (2)

D. L'autorité légiſlative eſt-elle venue quelquefois à l'appui des élections !

R. L'édit de Clotaire II porte, *que celui qui ſuc-*

---

[1] Fleury hiſt. eccléſiaſt. année 1582.

Henry III répondit que ſi les élections avoient toujours été en vigueur, beaucoup de ceux qui les demandoient, ne ſeroient jamais parvenus à l'épiſcopat. Fleury, *ibidem.*

[2] 3 Can. d'Arles, can. 3.

céde à un évêque doit être élu par le clergé & le peuple & ordonné par le Métropolitain & fes fuf-fragants. (1)

Charlemagne, *voulant fe conformer aux canons, remit au clergé & au peuple*, le droit de choifir des évêques, fans acception de perfonnes, ni de préfents ; mais par la feule confidération du mérite perfonnel , afin que l'évêque ainfi élu fit plus de fruit. ( )

Enfin , par la pragmatique fanction, Saint-Louis *veut & ordonne*, que les promotions aux prélatures &c., fe faffent felon les canons des conciles , le droit commun & les regles anciennes que les Saints Peres ont établies. (5)

D. Donnés des preuves de fait.

R. Selon Grégoire de Tours, les évêques qui ordon-nerent le prêtre Caton , évêque de Clermont, lui dirent » *parce que nous voyons que vous avez réuni dans l'élection la pluralité des fuffrages du peuple, approchés , nous allons vous confacrer évêque.* (4)

Le bienheureux Avit , fut élevé à l'évêché de Cler-mont par l'élection du clergé & du peuple raffem-blé. ( ) Ainfi furent élus Ausbert de Rouen, Lici-nius & Aubin d'Angers , &c. &c.

---

[1] Edict. cloth. 2. D. Bouq. , tom. 4, art. 1, pag. 118.
[2] Capit. 84 de la collect. d'Aufeq.
[3] Pramag.
[4] Grégoire de Tours. L. 4 , C. 6.
[5] D. Bouq. , tom. 2 , pag. 220.

D.

D. « Selon Fleury, on regardoit toujours princi-
» palement le jugement du clergé.... les évêques déci-
» doient. Duguet dit lui-même, que les évêques de
» la province avoient le droit de s'oppofer aux élections
» imprudentes & téméraires, & de réformer le juge-
» ment du peuple, lorfqu'il étoit contraire aux loix
» de l'églife : & le Pape Saint Céleftin pofe en
» maximes, qu'il faut inftruire le peuple & non le
» fuivre.

R. On confond les droits d'élection & de confirmation, qui n'ont rien de commun que d'avoir été
ufurpés l'un & l'autre.

Les conféquences font fauffes par l'application au
droit d'élection qui eft celui de tous les fideles d'un
diocèfe, des textes qui n'ont de rapport qu'au droit
de confirmation qui appartient au Métropolitain.

D. Expliqués cela ?

R. *Que tous choififfent l'évêque auquel tous doivent obéir ; que le pafteur dans lequel toute une fociété
doit avoir confiance, foit élu par toute la fociété ;
voilà le droit naturel, divin & imprefcriptible de
tous les fideles : mais l'élection doit fe faire felon les
regles de l'églife. Le caprice du peuple ne doit pas
donner à une églife, un évêque que les Canons re-
jettent : c'eft pourquoi le Métropolitain y intervient.
C'eft à lui & à fes fuffragants à éclairer le peuple,
à lui réfifter par le veto que les loix de l'églife &
celles de l'état ont fagement établi. Voilà le droit du
Métropolitain.*

D. Comment donc cela fe pratiquoit-il autrefois
dans l'églife Gallicane ?

R. Tout le troupeau choififfoit le pafteur, felon les conftitutions apoftoliques, les canons & le fiege de Rome lui-même. Le Décret d'élection muni des fignatures de tous les électeurs, atteftoit au Métropolitain le choix qui avoit été fait : il examinoit l'élu fur fa doctrine & fur fes mœurs & l'ordonnoit avec fes fuffragants.

D. Quelle fera, à ce fujet, la marche dans la nouvelle conftitution ?

R. C'eft la même. On préfentera au Métropolitain le fujet qui aura obtenu les fuffrages, pour qu'il l'examine & le cenfure. L'églife donnera ou refufera fon affentiment par le Métropolitain : & un évêque fera promu à l'épifcopat, ainfi que dans la primitive églife, par le confentement de tous, & le concours néceffaire de l'églife. Ce n'eft donc pas fans fa participation qu'on donnera des miniftres à l'églife : elle y participera par fa puiffance fpirituelle & l'autorité hiérarchique.

D. L'évêque ne nommoit-il pas les curés ?

R. Nous l'avons dit. La multitude fut affemblée pour élire des miniftres du fecond ordre pour aider les apôtres. « Choiffez vous-mêmes, mes freres, difent les » apôtres à la multitude des difciples, fept hommes » d'entre vous à qui on rende bon témoignage. Act. » des apôt. ch. 11, v. 3.

Le parlement dans fes remontrances à Louis XI, cite des canons de l'églife de Carthage qui *défendent d'ordonner aucun prêtre qu'il n'ait été élu par le peuple de fa cité : Sed nec deinceps facerdos erit quem nec clerus, nec populus propriæ civitatis elegit.*

Saint-Cyprien difoit que le peuple fur-tout avoit le droit de fe chofir de dignes prêtres, & de refufer ceux qui feroient indignes de l'autel. *Quandò ipfa plebs maximè habeat poteftatem, vel eligendi dignos facerdotes, vel indignos recufandi.* Epift. 68.

D. Quelle étoit l'intention de l'églife à cet égard ?

R. On en juge par ces paroles que l'évêque, dans l'ordination du prêtre adreffe au clergé & au peuple.

« Ce n'eft pas, dit-il, fans motif que les peres ont
» établi de confulter *même le peuple* fur l'élection de
» ceux qui doivent être employés au fervice des
» autels : quelques perfonnes peuvent favoir fur la vie
» & les mœurs de celui qui fe préfente, ce que le
» grand nombre ignore ; & il eft néceffaire, *pour*
» *avoir plus de foumiffion au prêtre, que chacun*
» *confente à fon ordination.* (1)

D. Voit-on des élections de curés dans la primitive églife.

R. C'eft abufer des mots. Il n'y avoit point de curés alors, ou plutôt tout prêtre étoit curé. On n'ordonnoit des prêtres que pour les attacher fur le champ à une églife. Mais puifque le peuple donnoit fon fuffrage & fon approbation à leur ordination, ainfi qu'il eft prouvé & que l'atteftent les paroles que l'évêque, dans l'ordination, adreffe aux affiftants, le peuple concouroit donc à fe donner des curés. Les motifs & le fond du

______

(1) *Neceffe eft ut facilius ei quis obedientium exhibeat ordinato, cui affenfum præbuerit ordinando. Ponti. Rom. Parifiis,* 1664 *in fol. pag.* 40 *de ordin. presbyt.*

droit étoient les mêmes pour l'élection des curés que pour celle des évêques. *Sit ordinatio justa & legitima quæ omnium suffragio & judicio fuerit examinata* ; c'est dans le même esprit que l'on publie encore aujourd'hui aux messes paroissiales les *bans* de ceux qui se destinent au sacerdoce.

D. Le motif d'élection des curés est-il aussi puissant que celui d'élection des évêques ?

R. Il n'est pas question du plus ou du moins ; mais il est de la plus grande importance d'avoir un pasteur qui réunisse l'estime de tous.... Il est essentiel que le ministre de paix, que le distributeur de la doctrine trouve toutes les ames préparées par la bienveillance. Celui qui approche le plus du peuple, son premier ami, le témoin de ses souffrances, souvent, hélas ! son unique consolateur ; lorsqu'il explique aux enfants le livre de la loi, lorsqu'il dirige par ses conseils le bonheur domestique du simple villageois, ou de l'artisan laborieux ; quand il est arbitre ou pacificateur des querelles ; quand il baigne les plaies du cœur avec le baume consolant des grandes espérances de l'avenir, n'a-t-il pas besoin d'être précédé de la confiance ?

D. Devoit-on admettre au nombre des électeurs des hommes qui sont hors de l'église ?

R. Saint-Paul enseigne qu'il faut que l'évêque ait le suffrage de ceux mêmes qui sont hors de l'église : *Oportet enim illum testimonium habere bonum ab iis qui foris sunt.* (1)

Le décret d'élection de Mélece conservé par le cé-

______

(1) Epit. 1 ad Tim.

lebre Eufebe de Samofate, étoit foufcrit de tout le monde, même des Ariens. (1) Au refte n'oublions pas ces belles paroles de Saint-Auguftin. *Ce qui n'eft pas évidemment contraire à la foi & aux bonnes mœurs, doit être fupporté pour le bien de la fociété à laquelle on appartient.*

Il y avoit en france une infinité de collecteurs de bénéfices à charge d'ames, qui y nommoient en vertu d'un fief ou d'un titre quelconque. Nous avons vu le juif Cramer, nommer à des cures. L'évêque donnoit fon *vifa*. Avec cette formalité, les curés nommés par des juifs, étoient légitimément pourvus; & les pafteurs choifis par leurs ouailles, dont on peut affurer que l'univerfalité fera catholique, puifque, l'élection commence par un acte qui exclut moralement tous ceux qui ne le feroient pas. (2) Et ces pafteurs feroient intrus par le vice radical de leur munition? ce feroit renoncer au fens commun que de le décider affirmativement.

D. De qui les miniftres conftitutionnels ont-ils leur miffion?

R. Jéfus-Chrift à donné à fes apôtres une miffion univerfelle. Le facrement de l'ordre l'a tranfmife aux évêques actuels avec la plénitude du facerdoce. (3) Ils

---

(1) Théodoret. tom. II, ch. 31, 32.

(2) A Bordeaux les électeurs attachés à la religion proteftante par une délibération qui les honore, ont renoncé au droit de voter dans l'affemblée électorale pour l'élection de l'évêque métropolitain. Cet exemple fera fuivi.

(3) Chap. 16, Marc.

ont miffion & jurifdiction. pa r-tout , parce qu'ils fon
prêtres & évêques par-tout ; qu'ils font chargés d'en-
feigner & de baptifer par toute la terre , de prêcher
l'évangile à toute créature. *Euntes docete omnes gentes
bap·ifantes & annuntiate evangelium omni creatu-
ræ.* (1)

D. Les miniftres du culte n'ont-ils pas été aftreints à
une portion déterminée de l'églife ?

R. Seulement pour qu'il y eu plus d'harmonie entre
eux , plus de régularité & d'exactitude dans leurs tra-
vaux. Mais on a pas pu reftreindre l'effet du facrement. La néceffité peut exiger toute l'étendue de la
miffion , de la jurifliction que l'évêque & le prêtre
ont reçues. Elles étoient bornées pour l'utilité publique;
elles céffent de l'être quand l'utilité publique l'exige.
J. C. n'affigna point l'occident à Pierre , l'Afie à Jean ,
l'Ethiopie à Matthieu. Il voulut que le facrement de
l'ordre fût la fource de tous les pouvoirs du facerdoce ,
pour l'exercer dans tous les lieux comme dans tous les
temps. La loi pofitive qui divife le territoire entre les
prêtres , n'en prive aucun de fes droits fur le tout ;
& cette inftitution ne peut avoir d'autre effet, que
d'en fufpendre l'exercice pour le maintien de l'ordre.

La nouvelle divifion de territoire qui a occafionné
des fuppreffions d'évêchés & l'établiffement de nouveaux , n'eft-elle pas un grand fujet de réclamution
de la part du clergé vacant ?

R. Oui. Cependant ces changements s'operent fans

ôter ni communiquer à perſonne de juriſdiction divine ; & ils ne ſuppoſent d'autre autorité que celle qui donne les loix ;

D. Une bulle nétoit-elle pas néceſſaire pour la circonſcription des évêchés ?

R. Nullement. L'intérêt général eſt la regle de toutes ces diſpoſitions locales. Le clergé n'en peut être l'arbitre, il manque d'autorité & de moyens pour faire de ſemblables opérations : de pareils ſoins d'ailleurs ſont incompatibles avec ſes devoirs. Jéſus-Chriſt & Saint-Paul les lui interdiſent. Les évêchés ne ſont plus territorialement les mêmes, mais c'eſt toujours l'épiſcopat & le ſacerdoce de Jéſus-Chriſt.

D. Donnez-nous des autorités ?

R. « Selon l'eſprit de l'égliſe, dit, Van Eſpen, toute
» reſtriction au miniſtere épiſcopal, introduite par le
» droit poſitif, doit ceſſer lorſque les beſoins de l'égliſe
» ne ſouffrent pas cette reſtriction, mais demandent
» que l'autorité épiſcopale & la plénitude du ſacer-
» doce communiquées par l'ordination, ſoient étendues
» au-délà des limites d'un diocèſe ? Car toute diviſion
» de diocèſes ou de paroiſſes, toute reſtricton qui
» renferme l'exercice du miniſtere dans certaines li-
» mites, eſt due à la loi poſitive, qui eſt ſubordonnée
» à celle de la néceſſité & de la charité. » (1)

D. Quelle néceſſité a contraint les élections actuelles !

R. La retraite ſubite & concertée des évêques ; celle

____

(1) Van Eſpen. Tom. I, tit. 16, ch. 6, *de ſollicit. paſt. ejus amplitud. & reſtric.* Pag. 130, edit. de 1753.

d'une partie du timide troupeau qui les a fuivis par l'inftinct de l'habitude, ou faute d'inftruction. Cette lâche ou perfide défertion laiffoit l'églife de france fans fecours, & la religion périclitante.

D. Le décret qui enleve au pape la confirmation des évêques ne le prive t-il pas d'un droit attaché à fa primauté, & ne s'enfuit-il pas le renverfement d'une inftitution divine ?

R. C'eft prendre pour principe une erreur ultra-montaine également contraire à nos maximes & à la doctrine de l'antiquité. La confirmation du pape éta-blie par le concordat, eft une difcipline moderne, dont la réforme n'eft point hors du pouvoir légiflatif, puifqu'elle peut fe faire fans donner aucune atteinte à l'inftitution divine, fans méconnoître les prérogatives certaines du premier fiége de l'églife. Ce n'eft un fujet de difficulté que pour les gens d'une **extrême igno-rance**, ou d'une infigne mauvaife foi.

D. Une bulle n'eft-elle pas néceffaire pour la ju-rifdiction ?

R. Ce n'eft ni le pape, (1) ni même l'églife, mais le facrement qui donne cette jurifdiction fpiri-tuelle. « St. Grégoire le Grand, dit Boffuet, penfoit
» que J.-C. a voulu que Pierre gouvernât l'églife uni-
» verfelle, telle que lui-même l'avoit établie, & qu'il
» ne crut pas que tous les droits de l'églife émanoient
» de lui & non de J.-C. ; que c'eft J.-C. & non
» Pierre qui a établi Paul, André, Jean chef des égli-

---

(1) Saint-Bernard, tom. 1, pag. 433.

fes

» fes particulieres ; que c'eft de J.-C. & non de
» Pierre qu'ils tiennent leur puiffance.

D. Les églifes métropolitaines n'ont-elles pas reçu
du pape leur autorité ?

R. Saint-Paul établit Tite métropolitain de l'isle de
Crête, fans que Saint-Pierre y intervint. Ce ne
fut pas St. Pierre qui fonda les églifes d'Ephefe, de
Céfarée, d'Héraclée & tant d'autres répandues dans
l'Orient, qui non-feulement avoient dans leur dé-
pendances un grand nombre d'évêques, mais même
plufieurs métropolitains.

D. Celui qui donne le titre ne confere-t-il pas auffi
la jurisdiction ?

R. La jurifdiction vient de J. C. & le pape élu par
des hommes, placé par des hommes fur fon fiége,
ne peut la tenir de lui-même, mais de J.-C.

D. Les anciens évêques font-ils deftitués n'ayant
point été jugés canoniquement.

R. Oui, parce qu'ils n'ont pas voulu refter évêques
aux conditions d'être obéiffants aux loix du Royaume ;
falloit-il laiffer l'églife de France fans pafteurs ?

D. Y a-t-il des exemples de pareils déplacements ?

R. Il y a eu des évêques même ordonnés pour
un fiege, qui avoient l'inftitution pour un diocefe &
qui ne l'occupoient pas, parce que le peuple les
refufoit. Voilà toute la deftitution & la procédure.

D. Que devenoient ces évêques,

R. Ces évêques dépouillés devenoient des évêques
vacans, *epifcopi vacantes*. Ils ne troubloient point
les diocefes qui leur échappoient & ne prétendoient

point en refter évêques malgré les fideles. Les peres du Concile d'Ancyre en 314, engagerent Saint-Chryfoftome injuftement & illégalement dépofé par l'Empereur, à recommander à fon troupeau de reconnoître pour évêque celui qui feroit élu à fa place, du confentement de tous ; (1) auffi, le Saint difoit-il à fes ouailles. « *baiffez la tête devant celui qui tient ma place, comm e devat moi; car l'églife ne peut refter fans évêque.* (2) Il difoit aux quarante évêques qui avoit inutilement fupplié l'empereur de le maintenir fur fon fiége. *N'abandonnez pas vos églifes, car l'églife de J.-C. n'a pas commencé par moi, & ne finira pas par moi.* (3)

D. Ce Saint fouffrit donc patiemment cette injuftice ?

R. Quoique dépofé par le conciliabule de Chêne, juftement appelé brigandage, banni par l'ordre arbitraire de l'Empereur & la faction Arienne, quoiqu'indignement arraché de fon églife qu'il édifioit : il conjure les perfonnes que l'attachement pouvoit égarer de reconnoître celui qui le remplacera, pourvu qu'il ait le confentement général. *Il fortit par la porte orientale, ayant laiffé fon cheval devant l'occidentale, afin que le peuple qui lui étoit tendrement attaché & qui l'y attendoit, ne put courir après lui.* (4)

____

(1) Godeau. Hift. de l'églife. Tom. 3, pag. 40.
(2) *Pallud. dialog. in vita B. Chryfoft.*
(3) *ibid.*
(4) Godeau. Hift. de l'églife. Tom. 5, pag. 40.

D. La Nation assemblée avoit-elle, à cet égard, l'autorité dont les Rois ont joui.

R. « Par le mot souverain, dit Bossuet, nous n'en» tendons pas seulement les Rois & les Monarques, » mais tout Sénat & toute assemblée qui jouit de la » souveraine autorité dans les choses civiles & tem» porelles.

» La source de tous les pouvoirs, disoit Massillon » à Louis XIV, (petit carême) vient du peuple. » C'est la Nation qui les donne à ceux qu'elle juge » dignes de sa confiance.... Oui, ce sont les peuples » qui donnent la puissance & l'autorité ; ce sont les » peuples qui font les Rois ce qu'ils sont.

D. L'Assemblée Nationale avoit-elle mission de faire de nouvelles loix ?

R. Le Roi par sa lettre de convocation du 24 janvier 1789, dit que, « c'est pour établir un ordre » constant & invariable dans toutes les parties du » gouvernement... pour apporter le plus promptement » possible, un remede efficace aux maux de l'état, » & que les abus de tout genre fussent réformés & » prévenus par de bons & solides moyens. C'étoit » la demande du peuple dans tous les cahiers dont » il chargea ses représentants.

D. Pourquoi la réforme de l'église de France étoit-elle nécessaire ?

R. Parceque les abus étoient à la place des regles ; parce que le reflet de ces abus ternissoit l'auguste image de la religion & influoit sur les respects qui lui sont dus ; parce que nos mœurs ayant changé &

la raifon ayant tout foumis à fon examen, il falloit corriger ce qui fcandalifoit celle-ci, & ce qui choquoit l'autre. Cette réforme étoit preffante, elle étoit utile ; la puiffance légiflative fpécialement chargée de réformer de tels abus, à ufé de fes droits & n'a point été au delà. Prefque tous les anciens évêques & une partie du clergé ont refufé d'y concourir, croyant l'arrêter : mais les canons n'avoient pas plus befoin de leur confentement pour être appliqués, que l'autorité fouveraine n'a befoin de leur fanction.

D. N'eut-il pas été plus prudent de ne pas exiger le ferment ?

R. Le motif des légiflateurs a paru une mefure de fageffe oppofée au zele turbulent des ennemis de la conftitution, & quoique fevere, par la fuite de la coalition, ou l'aveugle réfiftance de ceux qui l'on réfufé ; l'obligation du ferment pouvoit encore paroître jufte, en ce qu'il eft contre l'orde de laiffer à des citoyens un état qu'ils ne doivent exercer que conformément aux loix, & dont ils paroiffent vouloir fe fervir pour fapper ces loix dans un impénétrable filence.

D. On doit donc fe foumettre aux évêques actuels ?

R. Les anciens font légimement déchus de l'exercice de leurs fonctions. Ce font des *évêques vacants*. Les évêques conftitutionels tiennent du facrement de l'ordre la miffion & la jurifdiction fpirituelle. Le choix des fideles au foin defquels ils font prépofés, & la puiffance fouveraine leur ont affigné un territoire. Ils ont fait part aux curés des pouvoirs qu'ils ont reçus dans leur confécration. Il faut donc les reconnoître.

D. Les évêques & les curés conftitutionnels ne font donc pas des intrus ?

R. Peut-on appeller intrus ceux qui font entré dans le miniftere fous la double égide de la conftitution politique & des canons ? Si cette dénomination n'étoit pas confacrée à l'amertume , fi dans les circonftances actuelles elle n'appartenoit pas au fanatifme & à l'igno- rance plus qu'au zele , on pourroit dire que les vrais *intrus* étoient ceux qui ne parvinrent à l'éfpifcopat que par la violation de toutes les regles , en fuivant les fentiers de l'intrigue , en rampant dans une ccur auffi corruptible que corrompue.

D. On a donc tort d'appeler *intrus* les nouveaux pafteurs ?

R. Les fonctionnaires publics qui fuccedent à ceux qui n'ont pas fait le ferment , ont été élus par le peu- ple aux places vacantes ; comment réfifter à recon- noître ceux qu'un tel choix fait fucceder à ceux que la loi rejette ? Peut-on douter que la nation ait le droit de foumettre les eccléfiaftiques fonctionnaires publics aux loix conftitutionnelles de l'état ? & d'écarter ceux qui fe refufent à lui donner la garantie de leur fidelité ? Sous l'ancien régime aucun évêque ne pou- voit fe mettre en poffeffion de fon diocefe , qu'il n'eût préalablement prêté fon ferment de fidelité. Ce fer- ment fe rapportoit aux loix établies : ces loix ont changé une nouvelle conftitution en a pris la place. Un nou- veau ferment a paru d'autant plus néceffaire , que les mécontents parmi les fonctionnaires publics , faifoient plus éclatter leur oppofition. Faut - il qu'une nation abandonne le fort de ces loix à la mauvaife volonté de ceux qui font appelés aux fonctions publiques , & qu'elle néglige le feul moyen de diftinguer les miniftres de la religion fur lefquels elle peut compter , de ceux en qui elle ne peut voir que des ennemis ?

D. Quels font donc vraiment les intrus ?

R. Les évêques deftitués auront toujours contre eux de n'avoir été en place que par l'effet d'une tolérance que le malheur des temps avoit rendu néceffaire , & leur titre eft bien moins refpectable que celui de leurs fucceffeurs. Il n'eft appuyéque fur une adoption préfumée , tandis que celui des évêgnes conftitutionnels l'eft fur une élection canonique ; fur la volonté du peuple légalement déclarée. *Nullus , civibus in-invitis* : dit le 3e. Conc. de Paris, *ordinetur Epifcopus , nifi quem populi & clericorum electio pleniffima quæfierit voluntate.* Il n'eft pas difficile de décider à qui la qualité *d'intrus* peut convenir. Quelques foient les motifs qui ont déterminé *les évêques vacants* , il eft de fait comme de droit , qu'ils ont perdu leur droit du moment où ils réfiftent à l'ordre public établi par la loi

D. Le chef de l'églife ne doit donc pas fe mêler des révolutions des empires ?

Non, & très prudemment le pape actuel a montré la plus grande condefcendance pour l' empereur Jofeph II , lorfque d'une main hardie & fans le confulter ni fon clergé , il retranchoit & réformoit dans l'églife d'allemagne , tout ce qui lui paroiffoit abufif ou inconvenable.

D. Catherine II , impératrice actutuellede Ruffie ,

n'a-t-elle pas fait les mêmes opérations que l'affemblée conftituante de France ?

R. En 1782, un de fes édits dit : « qu'en vertu » de l'autorité fur l'églife qu'elle tient de Dieu, » elle érige la ville de Mohilow en évêché de la » croyance romaine : qu'elle élit un archévêque, lui » donne un coadjuteur, & lui enjoint de former un » confiftoire qui examinera & jugera, fous fa direc- » tion, toutes les affaires eccléfiaftiques. Elle foumet à » fa fouveraine jurifdiction toutes les églifes catholi- » ques de fes états & tous leurs prêtres. Elle défend » à ce nouvel archévêque nommé par elle, de re- » cevoir des ordres de toute autre autorité que de la » fienne & du fénat ; & au clergé romain de dépen- » dre d'aucune puiffance eccléfiaftique étrangere, &c.

D. Qu'a fait le pape ?

R. Loin de profcrire & d'annuler l'édit impérial, il fanctionna avec empreffement tout ce que l'impé- ratrice avoit fait. Il lui députa un nonce pour la re- mercier de la faveur finguliere & de la protection augufte qu'elle accordoit à la religion catholique. Toute l'europe loua le vrai zele & la prudence du pape.

D. Seroit-ce méprimer le fouverain pontif que de ne pas foumettre à une bulle qui condamneroit les opé- rations de l'affemblée nationale ?

R. Gerfon dit : « que le mépris des chefs ne fe » trouve pas toujours dans ceux qui non-feulement » n'obeiffent point aux fentences d'excommunica- » tion, mais qu'on ne doit pas le juger dans ceux » qui fe procurent la protection des puiffances fécu- » lieres contre de pareilles fentences. La loi naturelle

» dit de repouſſer la force par la force. Or de pa-
» reilles excommunications ne ſont pas un droit, mais
» une force & une violence contre laquelle unhomme
» libre a droit de ſe pourvoir.

D. Qu'elle eſt la maxime du droit public de l'europe catholique rélativement aux bulles des papes. ?

R. Que tous les reſcrits de la cour de Rome, ſe-
ront ſoumis à l'examen, avant d'être publiés. Louis XI
commet le ſire de Gaucour pour examiner toutes les
lettres cloſes ou patentes, bulles ou autres écritures
venant de la cour de Rome. Par ſa lettre du 8 janvier
1475, il lui dit : « & en cas qu'en trouveriez aucu-
» nes qui fuſſent préjudiciables à nous & à ladite
» égliſe gallicane, prenez-les, retenez-les, pardevers
» vous, & les porteurs arrêtés & conſtitués priſon-
» niers, ſi vous voyez que la matiere y ſoit ſujette (1).

Les rois d'Angleterre eurent auſſi des prépoſés dans
leurs ports, pour examiner les bulles avant qu'elles
pénétraſſent dans le royaume. (2)

En Eſpagne on porte ces pieces au conſeil du roi.
Là, elles ſont examinées, & ſi on ne juge pas convé-
nable de les publier, elles tombent dans l'oubli. Il en
eſt de même à Veniſe, à Naples, il faut l'*exequatur
regium*.

D. Que penſer des deux bulles qu'on attribue au
pape rélativement aux affaires actuelles ?

R. Qu'elles ſont ſuppoſées, parce qu'il n'eſt pas
permis de croire qu'un pape auſſi éclairé, auſſi ſage

____

[1] Preuves des libertés. Pag. 490.
[2] Stocmans. Pag. 8.

& auffi vertueux que Pie VI , ait pu donner l'exemple de l'infraction de loix auffi pofitives que celles qu'on vient de citer , pour faire circuler frauduleufement des écrits qui , n'ayant aucun caractere d'authenticité, peuvent être altérés , & même convertis en libelle par les ennemis de fa gloire & de la religion ; qu'il leur abandonneroit deux brefs , dont l'effet néceffaire feroit d'augmenter le trouble dans un empire agité , & qui ne pourroient en produire d'autres. Il n'emploieroit pas des termes injurieux à la nation françaife, qui ne peuvent que l'aigrir , & qui ne conviennent ni à fon caractere , ni à la reconnoiffance que le faint fiége doit à fa bienfaitrice.

D. Qu'arriveroit-il fi le pape joignoit l'excommunication à fes refcrits ?

R. L'intérêt de la tranquillité publique qui a fait prendre de fages mefures contre le bulles , brefs & monitoires, en a exigé , à plus forte raifon , contre les cenfures & les excommunications des papes.

Le faux zele eft toujours prêt à s'irriter. Les apôtres eux-mêmes , pour un refus , vouloient faire defcendre le feu du ciel fur un village de Samarie. Jéfus-Chrift les en reprit féverement, mais puifque les réprimandes de J-.C. ne fuffifent pas , les loix qui font la providence humaine , fe font pourvues d'un frein. Quand Boniface VIII excommunia Philippe le Bel , & mit fon royaume en interdit, tous les Français réunis , s'oppoferent à cette entreprife. Les prétentions du pape furent traitées *de folles*. Et la bulle fut brûlée folemnellement... Le Parlement de Paris condamna au feu la bulle de Benoît XIII, contre Charles VI en 1408. C'eſt ſur-tout au ſujet des entrepriſes des papes, contre Henry IV, que les parlements montrerent de la fermété. Ils firent brûler les bulles, & défendirent, ſous peine de crime de leze - majeſté, à tous prélats, vicaires & autres eccléſiaſtiques d'en publier aucune copie, & à toutes perſonnes d'y obéir, & même d'en réſerver. Ils ordonnerent que le nonce qui les publieroit, feroit pris au corps & mis en priſon. (1)

D. N'y a t-il pas bien des imperfections dans la conſtitution ?

R. Notre accord les effacera. N'eſt-ce pas avec leur imparfaite raiſon que les hommes opérent ? Quel eſt l'homme aſſez préſomptueux, pour éxiger aucun genre de perfection, lorſque ſa conſcience lui atteſte les bornes de ſes propres lumieres, & les entraves de ſes paſſions. Ce n'eſt pas par de ſemblables plaintes que les victimes de la révolution doivent ſe conſoler ; elles entachent leur raiſon, & feroient ſuſpecter leur bonne foi.

D. Se ſoumettre à l'ordre nouveau, eſt - il un devoir ?

R. S'y refuſer, eſt une inſubordination répréhenſible qui peut troubler la paix de l'égliſe, & nuire au repos de l'état. C'eſt une diviſion fâcheuſe que le temps fera diſparoître, & qu'il ne faut pas aigrir par des qualifications auſſi injurieuſes qu'erronnées.

_____

(1) Preuves des libertés de l'égliſe gallicane. Pag. 97, 98, 115.

L'Affemblée Nationale étoit autorifée par l'églife gallicane & par la Nation Françaife, à ftatuer fur les réformes du clergé, & elle n'a fait ufage de fon pouvoir que pour rétablir l'ordre primitif qui a été le prototype de fes décrets.

D. Le ferment exigé des fonctionnaires publics eft donc légitime ?

R. Le refus de le prêter, eft un motif fuffifant pour donner l'exclufion aux réfractaires, & cette exclufion fait vaquer leurs places. Ainfi ceux qui leur fuccedent, étant appelés à les remplir par la voix du peuple, font des pafteurs très-legitimes, & l'accufation de fchifme, eft deftituée de tout fondement.

D. Que croire de tant d'écrits faits pour donner les plus grandes inquiétudes ?

R. La révolution a mis fur les treteaux un affez grand nombre de ces êtres à qui la nature a accordé quelque facilité d'écrire, en leur refufant le fens moral & la penfée : ils ne méritent que le dédain de ceux qui aiment la vérité & le bien public. Les autres font ou des docteurs ignorants, qui n'ayant aucune idée de l'antiquité, ne connoiffent que les maximes des écoles fulpiciennes. Ces derniers docteurs font atteints dès leur enfance d'un mal incurable, il faut les plaindre. Évitons les controverfes, c'eft le confeil de la fageffe. La vérité eft amie du filence & de la paix.

D. Qu'eft-ce que le fchifme ?

R. C'eft une divifion, une féparation de ce qui étoit un. L'églife eft une ; celui qui fe fépare de cette unité fait un fchifme. L'églife a un chef vifible centre

de l'unité ; celui qui fe fépare de ce centre, qui méconnoît le chef, fait un fchifme. Le clergé de france
ne peut donc être taxé de fchifme fimplement, parce
que foumis aux loix de l'état, il fe conforme à ce que
la nation a décrété fur la conftitution civile du clergé.

D. Le fchifme eft-il poffible dans l'état actuel des
chofes ?

R. Non ; le fchifme en effet ne pouvoit réfulter
que de ce que l'on communiqueroit avec les nouveaux
évêques & les nouveaux curés, qui ont prêté le ferment, ou avec ceux qui l'ont réfufé. Or il ne peut
réfulter de fchifme ni de l'un ni de l'autre de ces faits.

D. Comment cela ?

R. Ceux qui communiquent avec les pafteurs affermentés, font bien éloignés de fe féparer du centre de
l'unité, parce que ces pafteurs font établis en confor-
mité d'un conftitution qui les oblige d'entretenir la communion avec le pape comme chef vifible de l'églife,
comme centre de l'unité ; et ils ont fatisfait à cette
condition. En les reconnoiffant pour pafteurs, on eft
uni de communion avec le faint fiége, puifque eux-
mêmes ne font pafteurs, d'après la loi de l'état, qu'autant qu'ils font unis avec le faint fiége. Le fchifme
ne peut donc pas réfulter de la communion avec les
pafteurs.

D. Le fchifme ne réfulteroit-il pas de la communion avec les non-affermentés qui font exclus par la
loi de l'état, des fonctions publiques ?

R. Non, le fchifme ne peut réfulter que du refus
de l'acceptation de leur communion ; mais perfonne ne

refuſe de communiquer avec eux. Le citoyen le plus ſoumis à la loi ſur la conſtitution civique du clergé ne refuſera pas d'enrendre la meſſe d'un prêtre non-aſſermenté. Il ſait que le défaut de ſerment n'a pu priver ce prêtre des fonctions du ſacerdoce.

D. Peut-on communiquer avec les prêtres non-aſſermentés dans des fonctions publiques ?

R. C'eſt un délit, puiſque c'eſt une déſobéiſſance à la loi qui ne les reconnoît plus pour fonctionnaires publics. Ce délit eſt grave, parce que c'eſt une contravention à une loi importante, parce que cela perpetue les troubles ; ce délit n'eſt point celui du ſchiſme ; les perſonnes qui communiquent avec ces paſteurs étant bien éloignés de ſe ſéparer du centre de l'unité qui eſt à Rome.

D. Que les paſteurs établis en vertu de la loi ſur la conſtitution civile du clergé, & les fideles qui leur ſont unis, peuvent donc agir en toute ſûreté de conſcience ?

R. Ils doivent être dans une parfaite ſécurité contre la crainte du ſchiſme, puiſqu'ils ſont déterminés à ne jamais ſe ſéparer de l'unité de l'égliſe. Ils doivent être dans une égale ſécurité contre les cenſures de la cour de Rome, parce qu'il n'y a jamais rien à craindre d'une perſonne qui ne peut rien, & de cauſes qui n'exiſtent pas ?

Si verò ex Deo eſt, non poteris diſſolvere illud, ne fortè & Deo repugnare inveniamini.

Actes des Apôtres. Chap. 5, v. 39.

F I N